LA DIFFUSION CATÉCHISTIQUE - LYON

À la rencontre du Seigneur

SEIGNEUR

TU NOUS APPELLES À TE SUIVRE

8-11 ANS

DIEU OUVRE UN CHEMIN

DIEU FAIT ALLIANCE

DIEU SE DONNE

DIEU APPELLE ET ENVOIE

MAME · TARDY

Auteur
La Diffusion Catéchistique-Lyon

Germaine Dujoux (diocèse d'Annecy), Anne Roussel, Sœur Catherine Ethievant (diocèse de Belley-Ars), Sœur Dominique-Marie Girard, Bernadette Pavy, Françoise Chouteau (diocèse de Besançon), Bernadette Callewaert, Marie-Christine Ibanez (diocèse de Chambéry), Père Marc Cholin (diocèse de Grenoble), Janine Munoz-Torres (diocèse de Lyon), Sylvie Gonthier (diocèse de Saint-Claude), Raymonde Pillard (diocèse de Saint-Étienne), Brigitte Jeunehomme (diocèse de Viviers). Christophe Raimbault et François Campagnac (frise biblique).

Remerciements :
Mgr Boivineau, Arnaud Zammit (diocèse d'Annecy), Père Roger Hébert (diocèse de Belley-Ars), Isabelle Morel, Monique Marcoux, Éric Poinsot (diocèse de Besançon), Irène Colomb-Prieto, Père Jean-Claude Brunetti, François Jeager (diocèse de Chambéry), Béatrice Blazy (diocèse de Gap), Patiaré Bergeret (diocèse de Lyon), Jean-Pierre Landry (diocèse de Viviers). Les personnes qui ont accepté de relire ces modules et les catéchistes qui les ont expérimentés.

Illustrations et iconographie :

Dieu ouvre un chemin
Laure Fournier (couverture). Marie Ligier de Laprade (pp. 1, 4, 6-7, 11). Amandine Wanert (pp. 2, 3, 7, 10, 14). Yating Hung (pp. 5). Gaëtan Evrard (pp. 3, 8-9). Gilles Weissmann (p. 17). Éric Puybaret (p. 15). Myriam Mollier (p. 16). Dorothée Jost (pp. 3, 18-19). © Norbert-Jung.com (p. 12). © FrankMarkSerge (p. 12). © Tamara Kulikova (p. 12). © silver-john (p. 13). © Tramont_ana (p. 13). © Rémi TOURNUS/ARTimage (p. 13).

Dieu fait alliance
Emmanuel Cerisier (couverture, p. 18). Amandine Wanert (pp. 1, 7, 10-11, 13, 16, 21-22). Laure Fournier (pp. 4, 10, 18). Dorothée Jost (p. 6). Gaëtan Evrard (pp. 8-9, 19). Éric Puybaret (p. 17). Myriam Mollier (p. 20). © Heritage Images/Leemage (p. 1). © akg-images (p. 2). © Diocèse de Versailles (p. 3). © Adagp, Paris 2011 (p. 3). © Photo Josse/leemage (pp. 7 et 18). Vitraux de la Sainte-Baume (pp. 5, 14-15, 19).

Frise biblique : Catherine Chion.

Dieu se donne
Éric Puybaret (couverture, pp. 17, 19). Marie Ligier de Laprade (p. 1). Albéric Saint-Martin (pp. 2-3, 18). Dorothée Jost (pp. 5, 9-11, 18). Étienne Jung (pp. 6-8). Yating Hung (pp. 12, 21). Amandine Wanert (pp. 14-15). Myriam Mollier (p. 20). © P.RAZZO/CIRIC (p. 9, 19). © Compagnie des Filles de la Charité de Saint-Vincent-de-Paul (pp. 12-13). © Norbert-Jung.com (p. 14). © Aux captifs, la libération (p. 14). © Virginia CASTRO/CIRIC (p. 15). © Vali/La Cimade (p. 15).

Dieu appelle et envoie
Florian Thouret (couverture, p. 18). Amandine Wanert (p. 1). Dorothée Jost (pp. 3-8, 18). Laure Fournier (pp. 9, 12). Gaëtan Evrard (pp. 13-15, 19). Éric Puybaret (p. 17). Myriam Mollier (p. 20).Le Christ de la Chartreuse de Sélignac par Michael Van Beek (pp. 12, 19). © Alain PINOGES/CIRIC (p. 4). © Abbaye de Tamié (pp. 9, 12, 19). ATD Quart Monde/tapori (p. 4). © Rémi TOURNUS/ARTimage (p. 13).

Pour les modules : *Nihil obstat* reçu le 9 mai 2011, Père Henri Durand, confirmé le 5 mai 2017, Père Bruno Bataillon.
Imprimatur à usage catéchétique reçu le 15 mai 2011, confirmé le 6 mai 2017, Cardinal Philippe Barbarin, archevêque de Lyon.
Pour la frise biblique : *Nihil obstat* reçu le 19 mars 2016, Père Bruno Bataillon.
Imprimatur à usage catéchétique reçu le 31 mars 2016, Cardinal Philippe Barbarin, archevêque de Lyon.

Autorisation SECLI n° 2020023.

www.mameeditions.com • www.alarencontreduseigneur.fr
« Loi n° 49-956 du 16 juillet 1949 sur les publications destinées à la jeunesse, modifiée par la loi n° 2011-525 du 17 mai 2011. »
ISBN : 978-2-7105-0649-2 • Code MDS : MM06492 • N° d'édition : 20181
Achevé d'imprimer par Edelvives (Espagne) en août 2020 • Dépôt légal : septembre 2020

PEFC PEFC/14-38-00260

Dans ce livre, tu trouveras...

Une frise biblique

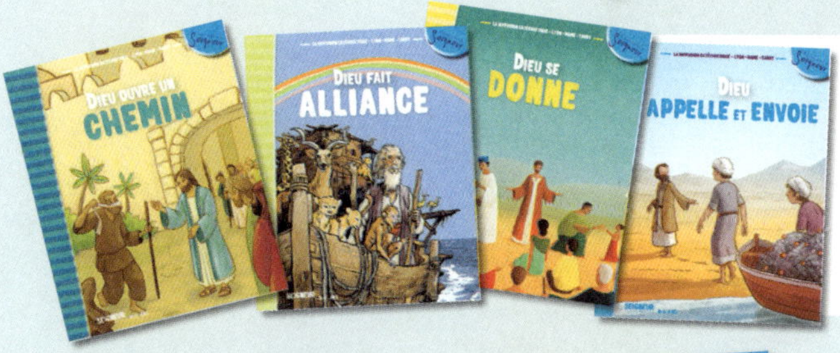

Des modules
DIEU OUVRE UN CHEMIN
DIEU FAIT ALLIANCE
DIEU SE DONNE
DIEU APPELLE ET ENVOIE

Des pages à découper

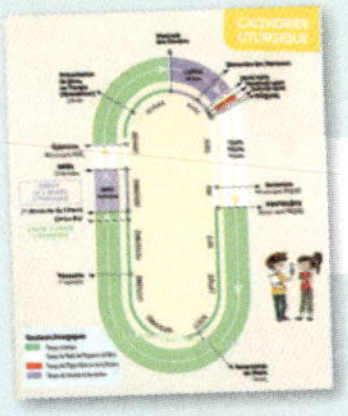

Un calendrier liturgique

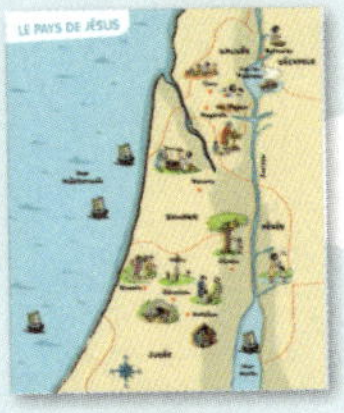

Une carte du pays de Jésus

Ton *Carnet de vie* inséré dans le soufflet à la fin du livre

⚠ Afin de permettre aux catéchistes de conserver le même document accompagnateur, la pagination d'origine des modules a été conservée. Cependant, l'ordre des pages a quelquefois été inversé pour des raisons pratiques.

1

Adam et Ève

« Le Seigneur Dieu prit l'homme et le conduisit dans le jardin d'Éden pour qu'il le travaille et le garde. » (Gn 2, 15)

Histoire de Dieu avec LES HOMMES

Les origines de l'humanité

1 Adam et Ève

Leurs noms ont du sens : **Adam**, homme tiré de la terre, et **Ève**, la vivante, celle qui donne la vie. Ils sont le premier homme et la première femme créés, signifiant l'humanité, homme et femme. On ne peut pas dater leur existence mais le récit de leur histoire montre que Dieu reste proche d'eux, même s'ils lui ont désobéi.

2 Noé

Noé est un homme juste, qui écoute Dieu et agit selon sa parole. Il construit l'arche comme Dieu lui a dit et sauve toutes les espèces d'animaux. Avec lui, la vie heureuse redevient possible. Grâce à lui, Dieu fait alliance avec tous les hommes.

2

Noé

« Oui, j'établis mon alliance avec vous : aucun être de chair ne sera plus détruit par les eaux du déluge, il n'y aura plus de déluge pour ravager la terre. » (Gn 9, 11)

3 Abraham et Sara

Le Seigneur dit à Abram : « Quitte ton pays, ta parenté et la maison de ton père, et va vers le pays que je te montrerai. » (Gn 12, 1)

Période des patriarches

Exode : 40 ans

3 Abraham et Sara

Abraham est le modèle de la foi en Dieu car il lui a fait confiance. Il a écouté l'appel du Seigneur à quitter son pays avec sa femme **Sara** et toute sa famille. Il a cru en sa promesse de le guider sur le chemin et de lui donner une descendance, en signe de l'Alliance. Ils ont eu un enfant, Isaac, alors qu'ils étaient déjà très vieux. Et **Abraham** est désormais père, le père de tous les croyants.

4 Joseph

Jalousé et vendu par ses frères, **Joseph** est devenu l'intendant de Pharaon en Égypte. Il a pardonné à ses frères et les a sauvés de la famine en leur donnant de quoi vivre. Il fait partie des « patriarches » qui ont fondé la foi du peuple d'Israël.

5 Moïse

Devant le buisson ardent, **Moïse**, gardant le troupeau, reçoit de Dieu sa mission. Il va libérer le peuple de l'esclavage en Égypte en traversant la Mer, et le mener vers la liberté en Terre promise. Il le guide à travers le désert pendant 40 ans : c'est l'Exode.

4 Joseph

Joseph dit à ses frères : « Vous aviez voulu me faire du mal, Dieu a voulu le changer en bien, afin d'accomplir ce qui se réalise aujourd'hui : préserver la vie d'un peuple nombreux. » (Gn 50, 20)

5 Moïse

« Maintenant donc, va ! Je t'envoie chez Pharaon : tu feras sortir d'Égypte mon peuple, les fils d'Israël. » (Ex 3, 10)

6

Samuel

« Le Seigneur vint, il se tenait là et il appela comme les autres fois : "Samuel ! Samuel !" Et Samuel répondit : "Parle, ton serviteur écoute." » (1 S 3, 10)

Environ 1 000 avant J.-C.

6 Samuel

Samuel, dont le nom veut dire « Celui qui écoute », est prophète. Il a répondu à l'appel du Seigneur.
Il est conseiller du roi Saül puis du roi David, pour l'éclairer sur la volonté de Dieu et lui dire ce qu'il fait de bien ou de mal.

7 David

David est le petit dernier de huit enfants. Il était berger. C'est lui que Dieu a appelé pour être le grand roi d'Israël. Il a choisi Jérusalem comme capitale, et décide d'y placer le Temple (construit par son fils Salomon). On le reconnaît à sa lyre, pour accompagner les psaumes qu'il composait.

7

David

« Le garçon était roux, il avait de beaux yeux, il était beau. Le Seigneur dit alors (à Samuel) : "Lève-toi, donne-lui l'onction, c'est lui !" » (1 S 16, 12)

8 Élie

« Le Seigneur dit à Élie : "Sors et tiens-toi sur la montagne devant le Seigneur, car il va passer"... Et il y eut le murmure d'une brise légère. »
(1 R 19, 11-12)

Entre 900 et 850 avant J.-C.

8 Élie

Élie est le modèle même du prophète. Il annonce la Parole de Dieu dans le royaume du Nord divisé. Il combat les faux prêtres sur le mont Carmel et défend la justice. Il découvre que Dieu est souvent discret mais jamais absent. Il est monté au ciel sur un char de feu, et au temps de Jésus on attendait son retour. On en parle souvent dans le Nouveau Testament.

Entre 800 et 750 avant J.-C

9 Isaïe

Isaïe a reçu de Dieu la mission de conseiller le peuple d'Israël désemparé dans les conflits avec les puissances étrangères. Il prend des exemples concrets pour être bien compris de tous, et énonce les promesses de Dieu si son peuple lui reste fidèle.

9 Isaïe

« J'entendis la voix du Seigneur qui disait : "Qui enverrai-je ? qui sera notre messager ?" Et j'ai répondu : "Me voici : envoie-moi !" »
(Is 6, 8)

10

Daniel

« Mon Dieu a envoyé son ange, qui a fermé la gueule des lions. Ils ne m'ont fait aucun mal, car j'avais été reconnu innocent devant lui. » (Dn 6, 23)

Vers 587 et 400 avant J.-C., exil à Babylone puis période perse

10 Daniel

Pendant l'Exil, **Daniel** était à la cour du roi de Babylone. Il avait le talent pour déchiffrer les songes et comprendre les signes de Dieu. Il a eu la confiance du roi tout en restant fidèle à Dieu. Sa foi était telle qu'il a échappé à l'épreuve de la fournaise et de la fosse aux lions.

11 Esdras et Néhémie

Esdras était prêtre et scribe, **Néhémie** fonctionnaire du roi de Perse Artaxerxès. Ils aident à l'organisation du retour d'Exil en Terre promise, à Jérusalem. Mais après une telle épreuve, qu'est devenu le peuple de Dieu ? **Esdras** énonce de nouvelles applications de la Loi. Et **Néhémie** réalise de nombreuses réformes.

11

Esdras et Néhémie

« Le prêtre Esdras apporta la Loi en présence de l'assemblée, composée des hommes, des femmes, et de tous les enfants en âge de comprendre. » (Ne 8, 2)

12

Jean Baptiste

« Moi, je vous ai baptisés avec de l'eau ; lui vous baptisera dans l'Esprit Saint. » (Mc 1, 8)

14

Jésus

« Confiance, c'est moi ; n'ayez plus peur ! » (Mt 14, 27)

Domination romaine, an 0 à 33

12 Jean Baptiste

Jean, fils d'Élisabeth et de Zacharie était le cousin de Jésus, de six mois son aîné. Il prophétisait dans le désert la venue du Messie. Il se nourrissait de sauterelles et de miel sauvage, vêtu de poils de chameau. Il baptisait dans l'eau du Jourdain les foules qui venaient à lui. Il a baptisé Jésus lui-même. Il meurt en prison, décapité, pour avoir dit la vérité.

13 Marie et Joseph

Marie et **Joseph** de Nazareth sont les parents de Jésus. Ils ont pris soin de Jésus pendant toute son enfance et lui ont permis de grandir dans la foi juive. **Marie** l'a suivi durant sa mission, même jusqu'à la croix. Elle a veillé ensuite sur les apôtres de Jésus comme une maman à qui on peut toujours se confier.

14 Jésus

Jésus de Nazareth est le Christ, le Fils de Dieu. Avec **Jésus**, Dieu a pris visage humain. Par sa parole et par ses actions, il annonce le Royaume, le projet de bonheur de Dieu. Pour sauver les hommes, il est allé jusqu'au bout de l'amour, en scellant la Nouvelle Alliance. C'est pour cela qu'il est mort pour nous sur la croix. Dieu l'a ressuscité. Son amour est plus fort que tout et il est avec nous tous les jours.

13

Marie et Joseph

« Voici que l'ange du Seigneur apparut à Joseph en songe et lui dit : "Joseph, fils de David, ne crains pas de prendre chez toi Marie, ton épouse, puisque l'enfant qui est engendré en elle vient de l'Esprit Saint." » (Mt 1, 20)

15

Pierre

« Tu es Pierre, et sur cette pierre je bâtirai mon Église ; et la puissance de la Mort ne l'emportera pas sur elle. » (Mt 16, 18)

17

Bartimée

« Confiance, lève-toi ; il t'appelle. » (Mc 10, 49)

Domination romaine, 30-65

15 Pierre

Pierre est le premier des apôtres de Jésus. Pécheur du lac de Galilée, il a tout quitté pour suivre celui qu'il est le premier à appeler le Messie. Il a eu du mal à comprendre le mystère de la Passion de Jésus, mais il a toujours eu confiance en lui. Jésus lui a confié son Église.

16 Lazare, Marthe et Marie

Ils sont frère et sœurs. **Marthe** se donne du mal pour bien accueillir Jésus. **Marie**, elle, est très attentive à ses enseignements. Et à la mort de **Lazare**, Jésus vient pleurer avec elles. Mais, devant le tombeau, il tire **Lazare** des liens de la mort. **Marthe** et **Marie** sont les premières à croire que Jésus est la résurrection et la vie.

17 Bartimée

Il est aveugle et mendiant, à la porte de la ville de Jéricho, au bord du chemin. Il croit en Jésus : il peut le guérir de son infirmité et de son isolement. Jésus l'entend et le guérit. **Bartimée** est transformé : il quitte son vieux manteau, et il est avec Jésus et ses disciples sur le chemin de Jérusalem.

16

Lazare, Marthe et Marie

« Jésus aimait Marthe et sa sœur (Marie), ainsi que Lazare. » (Jn 11, 5)

18

Zachée

« *Il courut donc en avant et grimpa sur un sycomore pour voir Jésus, qui allait passer par là.* » (Lc 19, 4)

Domination romaine, an 30 à 33

18 Zachée

Zachée, collecteur d'impôts à Jéricho, avait volé de l'argent. Il s'est retrouvé bien seul et voulait s'en sortir. Il voulait voir qui était Jésus. À sa grande surprise, Jésus s'est invité chez lui et a transformé sa vie. À partir de cette rencontre il va rembourser et commencer une nouvelle vie.

19 Ponce Pilate et Hérode

Le roi **Hérode** est un chef politique sous les ordres du pouvoir romain. Il complote avec **Pilate**, le procurateur romain, pour faire condamner Jésus et le mener à la mort sur la croix. Pourtant, il est intrigué par Jésus. De même, **Pilate** hésite à faire crucifier Jésus. Mais la lâcheté et la jalousie prennent le dessus face à la pression des chefs religieux juifs.

20 Marie Madeleine

Marie Madeleine est la première à rencontrer Jésus ressuscité au matin de Pâques. Elle venait au tombeau pensant trouver le corps de Jésus crucifié. Mais elle voit un homme : le jardinier ? Quand il l'appelle « **Marie** ! », elle est complètement retournée : c'est Jésus. Elle sera la première à le voir.

19

Ponce Pilate et Hérode

« Hérode… traita Jésus avec mépris et se moqua de lui : il le revêtit d'un manteau de couleur éclatante et le renvoya à Pilate. » (Lc 23, 11)

20

Marie Madeleine

« Marie Madeleine s'en va donc annoncer aux disciples : "J'ai vu le Seigneur !", et elle raconta ce qu'il lui avait dit. » (Jn 20, 18)

21

Matthieu, Marc, Luc, Jean

« Cher Théophile, dans mon évangile, j'ai parlé de tout ce que Jésus a fait et enseigné... » (Ac 1, 1)

Domination romaine, entre 30 et 90

21 Matthieu, Marc, Luc, Jean

Ils sont quatre à avoir écrit les évangiles. Chacun donne une manière de comprendre Jésus et son message d'amour. Ils avaient eu une vie avant : médecin ou collecteur d'impôts, mais ils ont été marqués par l'amour du Christ. Grâce à eux, on connaît Jésus, ses paroles, ses rencontres, ses actions.

Domination romaine, vers 35-40

22 Étienne

Étienne fait partie des sept hommes choisis aux débuts de l'Église pour des missions de service. Il est le premier martyr de l'Église : il a témoigné sa fidélité à Jésus jusqu'au bout. Quand il meurt, il prononce les mêmes paroles que Jésus sur la croix.

22

Étienne

« Étienne, pendant qu'on le lapidait, priait ainsi : "Seigneur Jésus, reçois mon esprit." » (Ac 7, 59)

23

Paul

« Malheur à moi si je n'annonçais pas l'Évangile ! » (1 Co 9, 16)

Domination romaine, années 35 à 65 environ

23 Paul

Quelques années après la mort et la résurrection de Jésus, **Paul** allait persécuter des chrétiens à Damas. Mais Jésus se fait connaître de lui comme le Sauveur qu'il attendait pour Israël. Il devient chrétien. Il fonde de nombreuses communautés chrétiennes. Il voyage beaucoup et leur envoie des lettres : il est le premier à écrire sur Jésus. Il est apôtre et modèle des disciples.

À partir de 33 jusqu'à nos jours

24 Les témoins et amis de Jésus

Après la résurrection de Jésus, les croyants ont porté le témoignage de la foi dans leur région et à travers le monde.
Seuls ou en équipe, comme Paul entouré de nombreux compagnons : Barnabé, Silas, Timothée, Tite... Ils ont permis à d'autres de rencontrer Jésus à leur tour et de choisir de le suivre.

24

Les témoins et amis de Jésus

« Les Églises s'affermissaient dans la foi et le nombre de leurs membres augmentait chaque jour. » (Ac 16, 5)

Pour faire le lien avec le temps liturgique,
la Toussaint, Noël, Pâques, la Pentecôte
et les autres fêtes, des ressources complémentaires
sont disponibles sur le site
www.alarencontreduseigneur.fr.

DIEU OUVRE UN CHEMIN

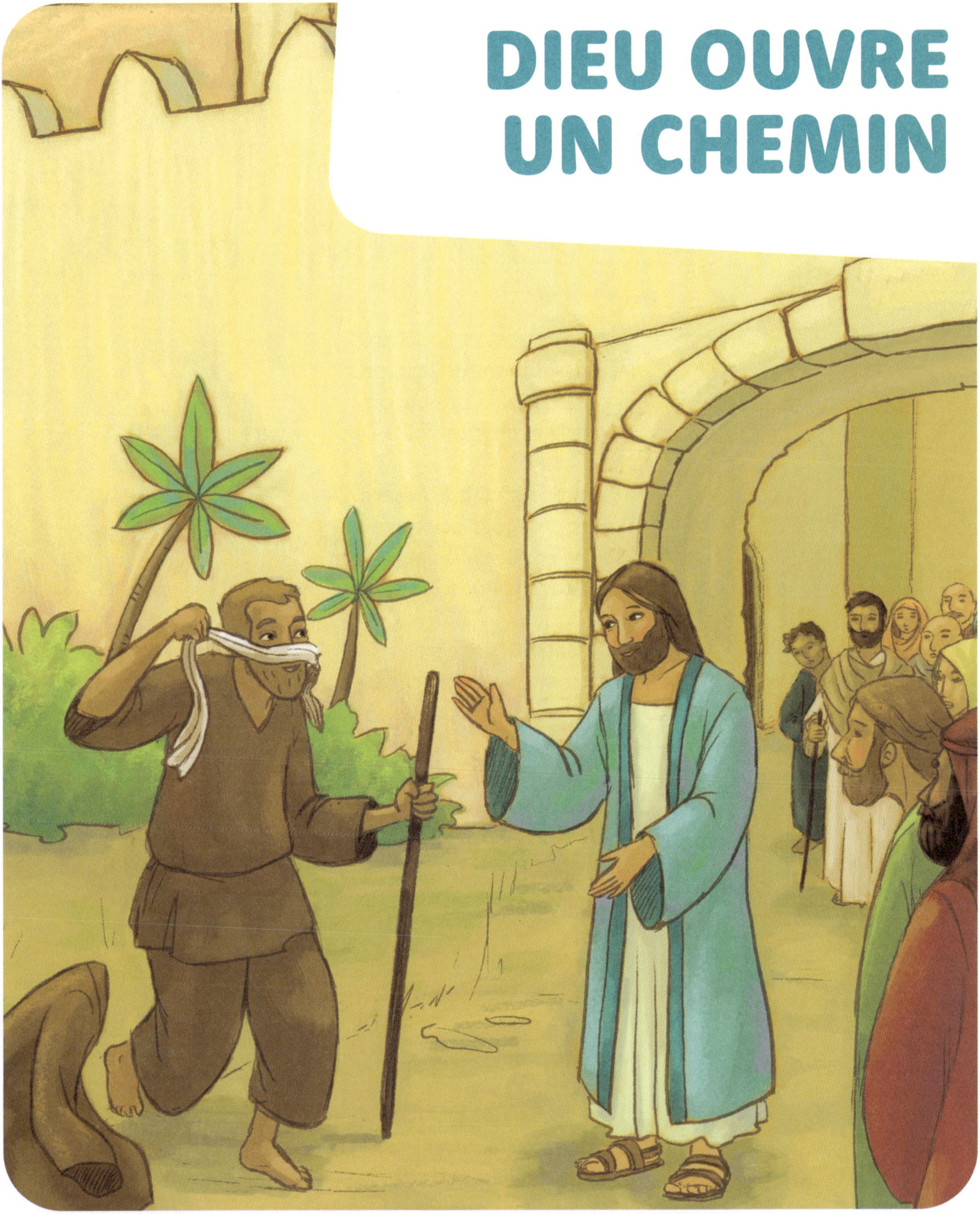

Le cri de Bartimée

Le soleil apparut soudain,
en Jésus qui entend son cri.
Et il est devenu quelqu'un,
marchant sur un chemin de vie.

1. Bartimée, c'était la misère,
assis tout le jour par terre.
Car ses yeux ne voyant plus clair,
il mendiait dans la poussière. Mais…

2. Il entend Jésus arriver,
veut crier ; on le fait taire.
Jésus stoppe, le fait appeler.
Il bondit, surgit de terre. Et…

3. « Que veux-tu ? » demande Jésus,
« Je veux voir, quelle évidence ! »
« Va, ta foi a pris le dessus,
désormais, vis en confiance. » Quand…

4. Bartimée ne veut plus mendier
car il peut voir à nouveau,
et joyeux et réintégré,
dit adieu à Jéricho. Car…

Ce livre t'appartient et va te suivre pendant une année de catéchèse. Alors, commence par compléter cette page !

Ma paroisse :

____

Jour de la rencontre de caté :

____

Les membres de mon équipe :

____

____

____

DES ÉTAPES SUR MON CHEMIN

Le baptême

La première des communions

La confirmation

J'ai reçu le baptême le...

Je commence un chemin de découverte de la foi le

....

J'AI PU DÉCOUVRIR QUE...

Je vais à la rencontre de Jésus
pour le connaître.

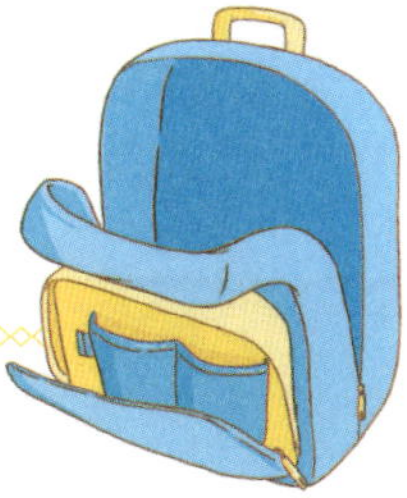

J'ai besoin de ma famille
et de tous ceux qui me parlent
de Jésus pour grandir avec lui.

Je peux accepter ou non
de répondre à l'appel de Jésus,
avec tous ceux qui le suivent.

Je garde dans ma mémoire
un ou plusieurs saints qui
seront pour moi des exemples.

MA FAMILLE

Ta famille t'aide à grandir. Retrouve les personnes qui composent ton arbre généalogique. Colle leurs photos, puis écris leurs prénoms.

Qui fait partie de ta famille ?

Réponds à cette question en remplissant ton arbre généalogique à la page 4.

Que préfères-tu faire quand tu as du temps libre ?

Qu'aimes-tu faire à l'école ?

Quel cadeau aimerais-tu recevoir ?

Quel est ton meilleur souvenir de vacances ?

As-tu déjà visité une église ? De quoi te souviens-tu ?

EN ROUTE !

Écris ou dessine dans le sac à dos et tout autour ce que tu veux emporter avec toi dans cette aventure.

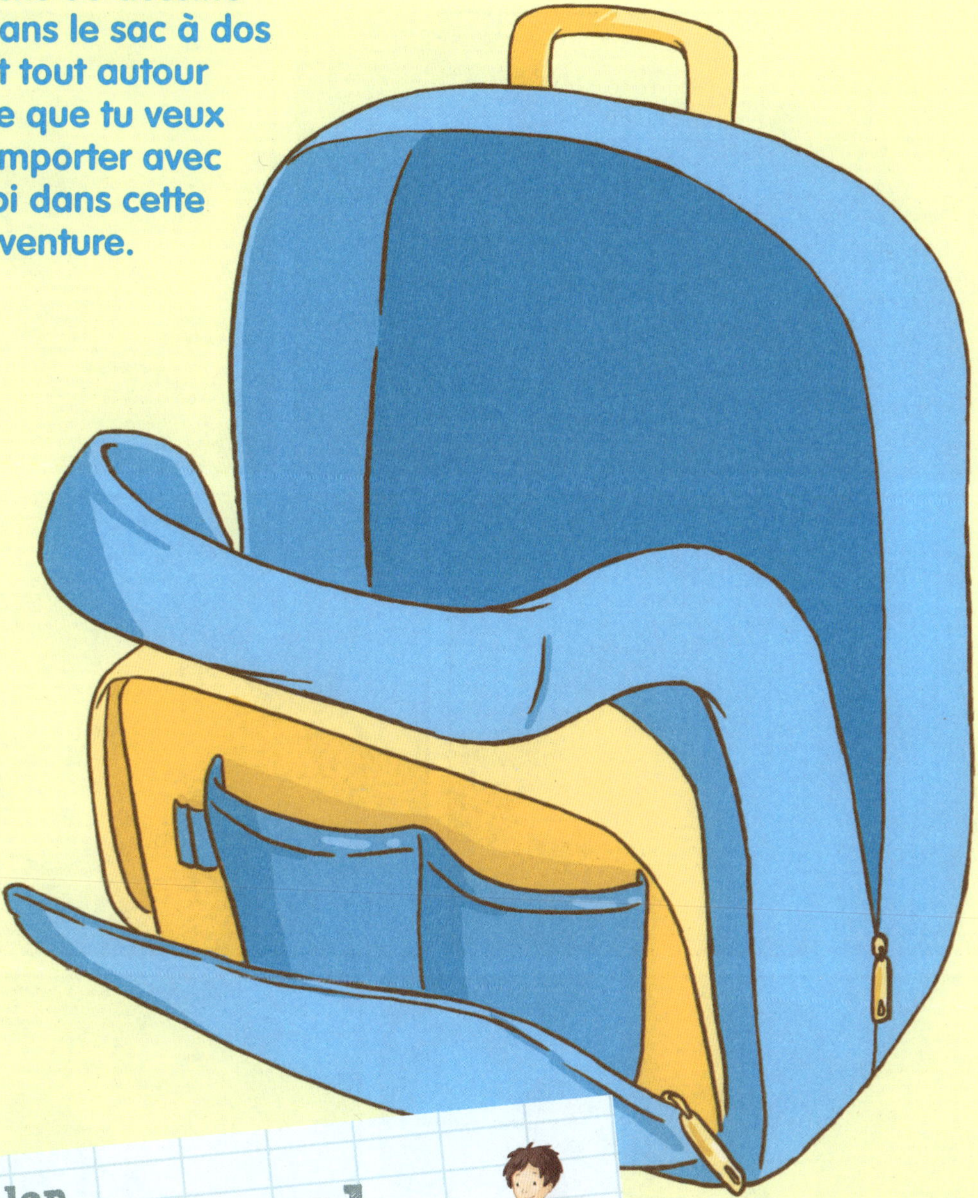

Jalon personnel

J'écris ou je dessine dans mon carnet de vie ce que j'ai envie de garder pour moi de cette première rencontre.

BARTIMÉE

Marc 10, 46-52
Parle Seigneur, ta Parole est un Trésor, p. 315

Entoure les mots qui disent les attitudes des personnages et ce qu'ils font. Cherche en équipe comment les exprimer avec des gestes.

L'AVEUGLE DE JÉRICHO

46 Jésus et ses disciples arrivent à Jéricho. Et tandis que Jésus sortait de Jéricho avec ses disciples et une foule nombreuse, le fils de Timée, Bartimée, un aveugle qui mendiait, était assis au bord du chemin.

47 Quand il entendit que c'était Jésus de Nazareth, il se mit à crier : « Fils de David, Jésus, prends pitié de moi ! »

48 Beaucoup de gens le rabrouaient pour le faire taire, mais il criait de plus belle : « Fils de David, prends pitié de moi ! »

49 Jésus s'arrête et dit : « Appelez-le. » On appelle donc l'aveugle, et on lui dit : « Confiance, lève-toi ; il t'appelle. »

50 L'aveugle jeta son manteau, bondit et courut vers Jésus.

51 Prenant la parole, Jésus lui dit : « Que veux-tu que je fasse pour toi ? » L'aveugle lui dit : « *Rabbouni*, que je retrouve la vue ! »

52 Et Jésus lui dit : « Va, ta foi t'a sauvé. » Aussitôt l'homme retrouva la vue, et il suivait Jésus sur le chemin.

Évangile selon saint Marc 10, 46-52

Jalon personnel

J'écris ou je dessine dans mon carnet de vie ce que je retiens de la rencontre de Jésus avec Bartimée.

Ai-je déjà entendu parler de Jésus ?
Par qui ?
Quand ?

15 AOÛT
1ER NOVEMBRE
2 NOVEMBRE
24 DÉCEMBRE
25 DÉCEMBRE

Observe les images et choisis celles qui t'évoquent le baptême !

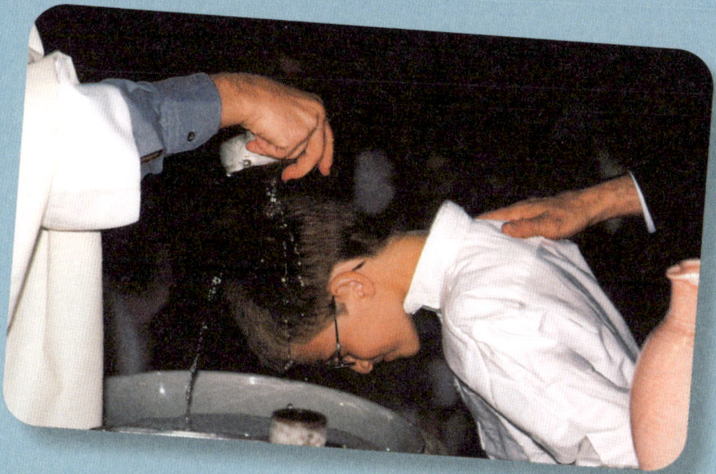

L'ÉGLISE

Nomme et décris ce que tu vois.

En route avec Jésus !

Seigneur,
En ce début d'année, nous sommes heureux de venir à ta rencontre.
Nous le savons, tu es là et tu nous attends.
Merci d'être proche de nous.
Merci de nous offrir la chance de nous rassembler.
Nous souhaitons vivre en amis, en frères tout au long de l'année.
Si nous rencontrons des difficultés, donne-nous ton esprit de paix.
Quand nous serons dans la joie, aide-nous à rendre grâce.

Merci de nous donner des compagnons de route.
Donne-nous la curiosité et l'intelligence
pour découvrir les chemins que tu proposes.
Aide-nous à te retrouver dans la prière,
les sacrements et dans la rencontre avec les autres.

Seigneur, nous te confions tous ceux qui nous aident à te connaître,
que ton amour habite notre cœur,
pour que nous osions des gestes et des paroles de fraternité.

Apprendre à connaître Jésus

Seigneur, ce sont nos parents
qui nous ont donné la vie ;
nous sommes leurs enfants,
mais notre vie vient de toi
qui nous as créés à ton
image et qui nous as appelés
à être tes fils.
Pour le chemin de vie
que tu nous offres,
nous te disons MERCI.

FÊTONS LES SAINTS

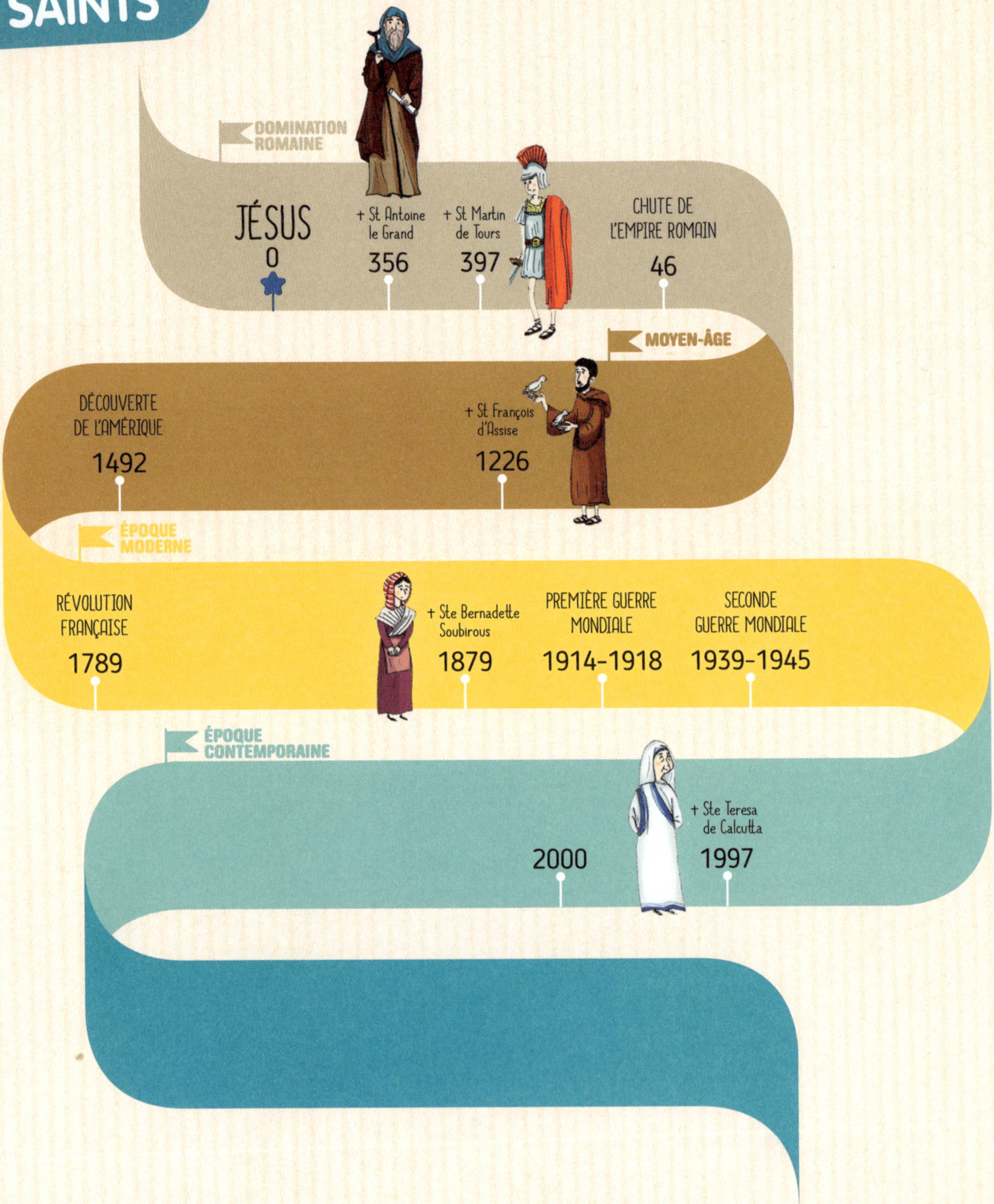

St Martin de Tours

Nom : ....
Prénom ....
Date de naissance : ....
Date de mort : ....
Ce que je souhaite garder
de sa vie : ....
....

St Antoine le Grand

Nom : ....
Prénom ....
Date de naissance : ....
Date de mort : ....
Ce que je souhaite garder
de sa vie : ....
....

St François d'Assise

Nom : ....
Prénom ....
Date de naissance : ....
Date de mort : ....
Ce que je souhaite garder
de sa vie : ....
....

Ste Bernadette Soubirous

Nom : ....
Prénom ....
Date de naissance : ....
Date de mort : ....
Ce que je souhaite garder
de sa vie : ....
....

Ste Teresa de Calcutta

Nom : ....
Prénom ....
Date de naissance : ....
Date de mort : ....
Ce que je souhaite garder
de sa vie : ....
....

L'ARBRE DE JESSÉ

DIEU FAIT ALLIANCE

Tu nous accordes ton alliance

D'âge en âge, ô Dieu fidèle,
tu nous accordes ton alliance.
Ton amour qui renouvelle,
nous l'accueillons dans la confiance.

1. Par ton Souffle et ta Parole,
tu fais naître le monde et la vie.
Tu révèles au cœur de l'homme
ton projet d'une alliance infinie.

2. Si ton peuple au loin s'égare,
tu l'appelles et lui donnes une loi.
Tout au long de son histoire,
des prophètes lui portent ta voix.

3. Pour accomplir ton alliance,
l'Ange annonce à la Vierge Marie
Qu'elle donnera naissance
au Sauveur, à ton Fils Jésus Christ.

4. En Jésus, tu te révèles,
par amour il nous donne sa vie.
Pour une alliance éternelle,
en son Corps, nous te sommes unis.

DIEU DONNE LA VIE

Observe l'illustration et trouve un titre à chaque partie.

Scènes tirées de la Genèse, Bible de Moutier-Grandval, 840. Ciurlionis, Kostantinas Mikalojus ; 1875-1911.

Jalon personnel

J'écris ou je dessine dans mon carnet de vie ce que j'ai envie de garder pour moi de tout ce que j'ai vu ou entendu.

DIEU SE RÉVÈLE

Comment l'alliance de Dieu se manifeste-t-elle à travers ces récits bibliques ? Écris ou dessine à côté du tableau une parole ou une phrase de ton choix.

NOÉ

Genèse 9, 8-15
Parle Seigneur, ta Parole est un Trésor, pp. 32-33

Ciurlionis, Kostantinas Mikalojus ; 1875-1911. *Sacrifice (l'Arche de Noé)*, 1909. Musée National Russe, Saint-Pétersbourg (Russie).

ABRAHAM

Genèse 17, 3-10
Parle Seigneur, ta Parole est un Trésor, p. 41

Virginie Von Rakowski, *Abraham et le Dieu des projets.*

MOÏSE

Exode 19, 1-8 ; 20, 1-10
Parle Seigneur, ta Parole est un Trésor, pp. 72-74

CHAGALL Marc, *Moïse reçoit les tables de la Loi,* 1960-66 - © Adagp, Paris 2011 - Chagall ®

LES 10 COMMANDEMENTS

Je suis le Seigneur ton Dieu,
qui t'ai fait sortir du pays d'Égypte,
de la maison d'esclavage.

Tu n'auras pas d'autres dieux en face de moi.

Tu ne feras aucune idole.

Tu n'invoqueras pas en vain le nom du Seigneur ton Dieu.

Souviens-toi du jour du Sabbat pour le sanctifier… c'est un jour de repos en l'honneur du Seigneur.

Honore ton père et ta mère.

Tu ne commettras pas de meurtre.

Tu ne commettras pas d'adultère.

Tu ne commettras pas de vol.

Tu ne porteras pas de faux témoignage contre ton prochain.

Tu ne convoiteras pas ce qui appartient au prochain.

Exode 20, 1-17
Parle Seigneur, ta Parole est un Trésor, pp. 74-75

RESSUSCITER D'ENTRE LES MORTS

ALLIANCE NOUVELLE

31 Voici venir des jours –
oracle du Seigneur –, où je conclurai
avec la maison d'Israël et avec la maison
de Juda une alliance nouvelle. 32 Ce ne sera pas comme
l'alliance que j'ai conclue avec leurs pères, le jour où je les
ai pris par la main pour les faire sortir du pays d'Égypte : mon
alliance, c'est eux qui l'ont rompue, alors que moi, j'étais leur
maître. 33 Mais voici quelle sera l'alliance que je conclurai
avec la maison d'Israël quand ces jours-là seront passés –
oracle du Seigneur. Je mettrai ma Loi au plus profond
d'eux-mêmes ; je l'inscrirai sur leur cœur.
Je serai leur Dieu, et ils seront
mon peuple.

Jérémie 31, 31-33
Parle Seigneur, ta Parole est un Trésor, p. 162

L'Arnonciation, Fra Angelico, 1445, Musée du Prado, Madrid.

Jalon personnel

J'écris ou je dessine dans mon carnet de vie ce que j'ai envie de garder pour moi de tout ce que j'ai vu ou entendu.

LE BON SAMARITAIN

Luc 10, 25-37
Parle Seigneur, ta Parole est un Trésor, p. 343

LE COMMANDEMENT NOUVEAU

Je vous donne un commandement nouveau :
c'est de vous aimer les uns les autres.
Comme je vous ai aimés, vous aussi aimez-vous
les uns les autres. À ceci, tous reconnaîtront
que vous êtes mes disciples : si vous avez de l'amour
les uns pour les autres.

Jean 13, 34-35

Jalon personnel

Jésus me dit : « Va et fais de même. »
Qu'ai-je envie de répondre ?

VIVRE EN ALLIANCE AUJOURD'HUI

Écris ou dessine une histoire d'alliance dans ta propre vie.

LE REPAS DE L'ALLIANCE

Observe cette représentation de la Cène et retrouve les liens avec la messe.

La Cène de Lanslevillard, chapelle Saint-Sébastien, XVe siècle.

Entoure le mot Alliance et cherche quels sont les signes de cette Alliance.

Que ce même Esprit Saint, nous t'en prions,
Seigneur, sanctifie ces offrandes :
qu'elles deviennent ainsi le corps et le sang de ton Fils
dans la célébration de ce grand mystère,
que lui-même nous a laissé en signe d'Alliance éternelle.

Quand l'heure fut venue où tu allais le glorifier,
comme il avait aimé les siens qui étaient dans le monde,
il les aima jusqu'au bout : pendant le repas qu'il partageait avec eux,
il prit le pain, il le bénit, le rompit et le donna
à ses disciples, en disant :
« Prenez, et mangez-en tous : ceci est mon corps livré pour vous. »

De même, il prit la coupe remplie de vin,
il rendit grâce, et la donna à ses disciples, en disant :
« Prenez, et buvez-en tous, car ceci est la coupe de mon sang, le sang de l'Alliance nouvelle et éternelle, qui sera versé pour vous et pour la multitude en rémission des péchés. Vous ferez cela, en mémoire de moi. »

Extrait de la prière eucharistique n° IV

Jalon personnel

Dans mon carnet de vie, j'écris ou je dessine les mots qui me rappellent l'Alliance.

DONNER SA VIE

Tu es le Dieu fidèle

Prière d'Alliance

Seigneur Dieu, aujourd'hui encore tu me proposes ton Alliance.

Merci de vouloir vivre avec moi.

Merci de compter sur moi pour que la vie grandisse.

Merci de m'offrir ta présence.

Pardon si parfois il m'est difficile d'être fidèle, je sais que toi tu es fidèle.

Pardon si parfois je n'arrive pas à vivre en enfant de Dieu, je sais que tu ne me m'abandonnes pas.

S'il te plaît, ouvre mes yeux pour que je puisse découvrir tous les signes de ta présence.

S'il te plaît, ouvre mon cœur pour que je puisse accueillir tout homme comme un frère.

Tu es le Dieu fidèle éternellement.

COMME UN CADEAU

« Je crois en un seul Dieu,
le Père tout-puissant, créateur du ciel et de la terre.
Je crois en un seul Seigneur, Jésus Christ,
le Fils unique de Dieu. »

DIEU FAIT ALLIANCE

Depuis toujours Dieu donne la vie aux hommes et leur offre d'entrer dans son alliance d'amour.

J'AI PU DÉCOUVRIR QUE...

Les 10 commandements sont une loi pour m'aider à vivre en alliance avec Dieu et avec les autres. Je suis invité(e) à répondre à cette alliance.

Grâce au oui de Marie, Dieu s'est fait homme en Jésus. C'est une nouvelle alliance dans laquelle je suis invité(e) à entrer.

Jésus m'invite
à aimer mon prochain
comme lui nous aime
et à vivre ainsi
en alliance avec lui.

Jésus donne librement sa vie
par amour pour les hommes.
En ressuscitant il annonce
l'alliance nouvelle et éternelle
qui nous est offerte.
C'est le cœur de la foi chrétienne
et je peux y croire.

La messe est le repas de l'alliance,
le prêtre prononce sur le pain
et le vin, les paroles de Jésus
lors de son dernier repas afin
d'aider les chrétiens à vivre toujours
mieux en alliance avec Dieu.

DIEU SE DONNE

CHANT

Dieu te donne

Dieu te donne un cœur qui bat,
Dieu te donne une parole !
Prends ce monde entre tes doigts,
ouvre sa corolle.

1. Dieu est là dans ta main comme une eau vive.
Près de toi tant de jardins sont assoiffés.
Accueille en toi la vie, partage-la.

2. Dieu est là dans tes pas comme une lampe.
Près de toi tant de soleils sont à guetter.
Accueille en toi la vie, allume-la.

3. Dieu est là dans tes yeux comme une étoile.
Près de toi tant de regards sont à puiser.
Accueille en toi la vie, rayonne-la.

4. Dieu est là avec toi comme une brise.
Près de toi tant de moments sont à aimer.
Accueille en toi la vie, enchante-la.

C'EST CADEAU !

Hier soir, dans la cuisine,
je préparais le dîner, quand mon petit garçon est entré.
Il m'a tendu un morceau de papier griffonné.
J'ai essuyé mes mains sur mon tablier,
et je l'ai lu. Et voici ce qu'il disait :

Pour avoir fait mon lit toute la semaine : 3 francs*
Pour avoir été aux commissions : 1 franc
Pour avoir surveillé le bébé pendant que toi tu allais aux commissions : 1 franc 25
Pour avoir descendu la corbeille à papiers : 75 centimes
Pour avoir remonté la corbeille à papiers : 1 franc et 10 centimes
Pour avoir arrosé les fleurs sur le balcon : 25 centimes
Total : 9 francs et 85 centimes.

Je l'ai regardé, il se tortillait en mâchant son crayon
et une foule de souvenirs sont revenus à ma mémoire.
Alors j'ai repris son crayon, j'ai retourné la feuille et voilà ce que j'ai écrit :

Pour neuf mois de patience et douze heures de souffrance :
CADEAU
Pour tant de nuits de veille, surveillant ton sommeil :
CADEAU
Pour les tours de manège, les jouets, le collège :
CADEAU
Et quand on fait le tour, le total de mon amour,
C'est CADEAU

Quand il a eu fini de lire, il avait un gros chagrin dans les yeux.
Il a levé la tête et a dit :

"M'Man, je t'aime très beaucoup."

Il a repris son papier, l'a retourné, et en grosses, grosses lettres,
a marqué :

"CADEAU"

Et quand on fait le tour, le total de l'amour,
C'est CADEAU, c'est CADEAU !

*Avant ta naissance, l'argent se comptait en francs et non en euros.

LA VEUVE DE SAREPTA

D'après 1 Rois 17, 7-16
Parle Seigneur, ta Parole est un Trésor, **pp. 123-124**

N'aie pas peur, va, fais ce que tu as dit. Mais d'abord cuis-moi un petit pain et apporte-le-moi, ensuite tu feras du pain pour toi et ton fils.
Car ainsi parle le Seigneur, Dieu d'Israël : « Jarre de farine point ne s'épuisera, vase d'huile point ne se videra, jusqu'au jour où le Seigneur donnera la pluie pour arroser la terre. »
La femme alla faire ce qu'Élie lui avait demandé, et longtemps, le prophète, elle-même et son fils eurent à manger.
Et la jarre de farine ne s'épuisa pas, et le vase d'huile ne se vida pas, ainsi que le Seigneur l'avait annoncé par la bouche d'Élie.

LES RENCONTRES DE JÉSUS

Un centurion romain supplie Jésus de guérir son esclave.

Luc 7, 1-10
p. 335

DEMANDE

Jaïre supplie Jésus de venir dans sa maison car sa fille est en train de mourir.

Luc 8, 41-56
pp. 339-340

DEMANDE

La Samaritaine dit à Jésus : « Donne-moi de cette eau : que je n'aie plus soif. »

Jean 4, 4-15
pp. 369-370

DEMANDE

Dans la foule, Bartimée crie : « Fils de David, prends pitié de moi ! »

Marc 10, 46-52
p. 315

DEMANDE

Dix lépreux crient à Jésus : « Prends pitié de nous. »

Luc 17, 11-19
p. 351

DEMANDE

On présentait des enfants à Jésus pour les lui faire toucher.

Marc 10, 13-16
p. 312

DEMANDE

« Où trouverons-nous dans un désert assez de pain pour rassasier une telle foule ? »

Matthieu 15, 32-39
p. 268

DEMANDE

LES RENCONTRES DE

JÉSUS

Devant la foi du centurion, Jésus guérit l'esclave.

Luc 7, 1-10

p. 335

RÉPONSE

« Mon enfant, éveille-toi. »

Luc 8, 41-56

pp. 339-340

RÉPONSE

« Je le suis, moi qui te parle. »

Jean 4, 4-15

pp. 369-370

RÉPONSE

« Va, ta foi t'a sauvé. »

Marc 10, 46-52

p. 315

RÉPONSE

Jésus dit aux lépreux : « Allez-vous montrer aux prêtres. » Puis à l'un d'eux : « Relève-toi et va : ta foi t'a sauvé. »

Luc 17, 11-19

p. 351

RÉPONSE

Jésus embrasse les enfants et les bénit en leur imposant les mains.

Marc 10, 13-16

p. 312

RÉPONSE

Jésus prend les sept pains et les poissons, rend grâce et nourrit 4 000 hommes.

Matthieu 15, 32-39

p. 268

RÉPONSE

Jalon personnel

Je note dans mon carnet de vie la parole ou le geste de Jésus qui m'a touché(e).

SAINT VINCENT DE PAUL
(1581-1660)

Vincent grandit à la campagne et devient prêtre à 20 ans. Soucieux d'obtenir une bonne situation, il entre au service du comte de Gondi, un grand personnage du royaume. Professeur de ses enfants et confesseur de madame de Gondi, il devient très vite un ami de la famille.

Au cours d'un voyage, Vincent rencontre un mourant à qui il fait découvrir le grand amour de Jésus. Il lui donne le pardon de Dieu et le malade retrouve la paix et dit toute sa joie.

Vincent réalise que c'est pour les pauvres qu'il veut être prêtre. La parole de Jésus résonne en lui comme un appel : « Il m'a envoyé porter la Bonne Nouvelle aux pauvres ». Il en parle à son ami, le cardinal de Bérulle, qui le nomme curé de Châtillon-les-Dombes*, à la campagne.

*Aujourd'hui ce lieu s'appelle Châtillon-sur-Chalaronne (Ain)

Grâce à Vincent, les choses changent petit à petit dans le village, on prend soin des pauvres. Les paroles de Jésus brûlent dans le cœur de Vincent : « Ce que vous faites aux autres, c'est à moi que vous le faites. »

Partout où il passe, Monsieur Vincent organise des équipes de charité avec l'aide de riches dames. Plus tard, d'autres jeunes filles le rejoignent, on les appelle les « Filles de la Charité ». Ensemble, ils inventent mille moyens pour secourir les malades, les personnes âgées, les enfants perdus, les mendiants, et pour leur redonner l'espérance, le goût de la vie et leur faire découvrir combien ils sont aimés de Dieu.

« En entrant, celle dont ce sera le tour, saluera gaiement le malade, lui lavera les mains, mettra la tablette près du lit avec une nappe et le couvert [...] elle coupera le pain, la viande. S'il est triste, elle essaiera de l'égayer. » [...] Les dames s'étonnent : « Cela se fait chez les riches, pas chez les paysans et encore moins chez les pauvres » [...] Monsieur le curé leur répond : « Hé oui mesdames, mais c'est pour l'amour de Jésus Christ que vous le ferez. Les pauvres seront vos maîtres, vous serez leurs servantes. Vous les servirez comme si c'était Jésus Christ lui-même. Et dites-leur que chacun d'eux est précieux pour le cœur de Dieu. »

Extraits du petit règlement donné aux premières Dames de la Charité.

Jalon personnel

J'écris ou je dessine ce que j'ai aimé dans ce que j'ai découvert aujourd'hui.

LES RENCONTRES DE JÉSUS

Jéricho
Jérusalem
JUDÉE
N
E
S
O

Les filles de la charité

Ajourd'hui, il y a dans le monde deux millions de personnes qui servent les pauvres en détresse ou en souffrance, à la suite de saint Vincent de Paul.

« Chaque fois que vous l'avez fait à un de ces plus petits de mes frères, c'est à moi que vous l'avez fait. »

(Mt 25, 40)

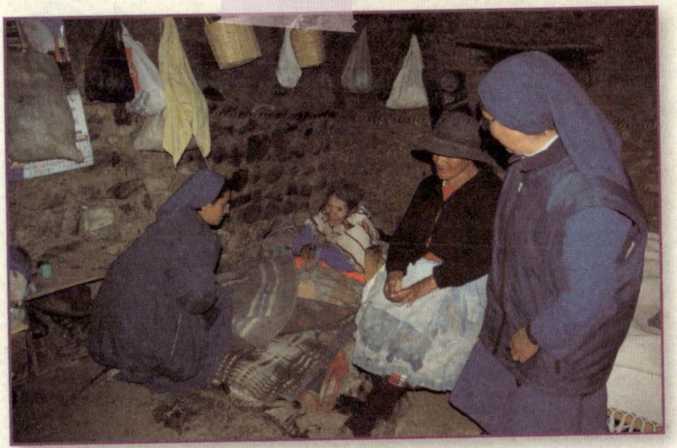

En servant les pauvres, on sert Jésus Christ.

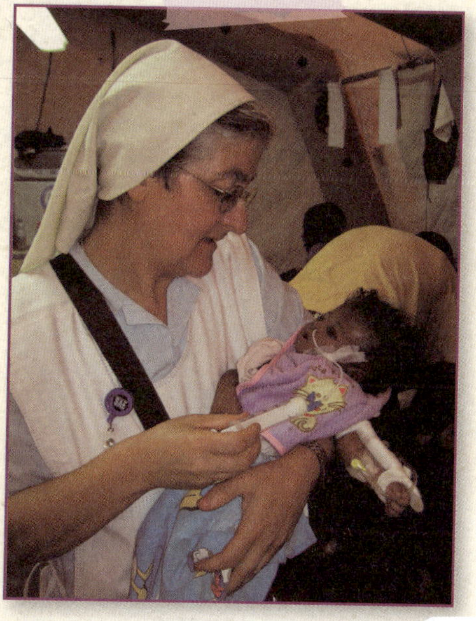

VENIR EN AIDE

AUX PERSONNES SEULES
SOCIÉTÉ SAINT-VINCENT-DE-PAUL

AUX PERSONNES DANS LA RUE
AUX CAPTIFS, LA LIBÉRATION

AUX MALADES
AUMÔNERIE D'HÔPITAL

AUX PAUVRES ET AUX EXCLUS

SECOURS CATHOLIQUE

AUX ÉTRANGERS

CIMADE

AUX PRISONNIERS

AUMÔNERIE DE PRISON

LA MULTIPLICATION DES PAINS

1 Après cela, Jésus passa de l'autre côté de la mer de Galilée, le lac de Tibériade.

2 Une grande foule le suivait, parce qu'elle avait vu les signes qu'il accomplissait sur les
malades.

3 Jésus gravit la montagne, et là, il était assis avec ses disciples.

4 Or, la Pâque, la fête des Juifs, était proche.

5 Jésus leva les yeux et vit qu'une foule nombreuse venait à lui. Il dit à Philippe : « Où
pourrions-nous acheter du pain pour qu'ils aient à manger ? »

6 Il disait cela pour le mettre à l'épreuve, car il savait bien, lui, ce qu'il allait faire.

7 Philippe lui répondit : « Le salaire de deux cents journées ne suffirait pas pour que chacun
reçoive un peu de pain. »

8 Un de ses disciples, André, le frère de Simon-Pierre, lui dit :

9 « Il y a là un jeune garçon qui a cinq pains d'orge et deux poissons, mais qu'est-ce que cela
pour tant de monde ! »

10 Jésus lui dit : « Faites asseoir les gens. » Il y avait beaucoup d'herbe à cet endroit. Ils
s'assirent donc, au nombre d'environ cinq mille hommes.

11 Alors Jésus prit les pains et, après avoir rendu grâce, il les distribua aux convives ; il leur
donna aussi du poisson, autant qu'ils en voulaient.

12 Quand ils eurent mangé à leur faim, il dit à ses disciples : « Rassemblez les morceaux en
surplus, pour que rien ne se perde. »

13 Ils les rassemblèrent, et ils remplirent douze paniers avec les morceaux des cinq pains
d'orge, restés en surplus pour ceux qui prenaient cette nourriture.

14 À la vue du signe que Jésus avait accompli, les gens disaient : « C'est vraiment lui le
Prophète annoncé, celui qui vient dans le monde. »

15 Mais Jésus savait qu'ils allaient venir l'enlever pour faire de lui leur roi ; alors de nouveau il
se retira dans la montagne, lui seul.

Évangile selon saint Jean 6, 1-15

Prière à l'Esprit

Esprit Saint, viens combler notre soif d'aimer
et d'être aimés.

Esprit Saint, ouvre-nous aux trésors de ton amour.

Esprit Saint, apprends-nous à aimer comme tu nous aimes.

Esprit Saint, donne-nous de vivre la joie, la paix, le pardon.

Esprit Saint, donne-nous de donner sans compter.

COMME UN CADEAU

"Pour nous les hommes, et pour notre salut, il descendit du ciel."

Donner peut me rendre heureux et rendre ma vie plus belle.

J'AI PU DÉCOUVRIR QUE...

Jésus fait grandir la vie en moi si je décide de le suivre.

Jésus donne sa vie
pour que celle
des hommes
ne finisse pas.

Moi aussi je peux
faire grandir la vie
en me mettant
au service des autres.

DIEU APPELLE ET ENVOIE

Écoute la voix du Seigneur

Toi qui aimes la vie, ô toi qui veux le bonheur,
réponds en fidèle ouvrier de sa très douce volonté,
réponds en fidèle ouvrier de l'Évangile et de sa paix.

1. Écoute la voix du Seigneur, prête l'oreille de ton cœur.
Qui que tu sois ton Dieu t'appelle, qui que tu sois, il est ton Père.

2. Écoute la voix du Seigneur, prête l'oreille de ton cœur.
Tu entendras que Dieu fait grâce, tu entendras l'Esprit d'audace.

3. Écoute la voix du Seigneur, prête l'oreille de ton cœur.
Tu entendras crier les pauvres, tu entendras gémir ce monde.

4. Écoute la voix du Seigneur, prête l'oreille de ton cœur.
Tu entendras grandir l'Église, tu entendras sa paix promise.

5. Écoute la voix du Seigneur, prête l'oreille de ton cœur.
Qui que tu sois, fais-toi violence, qui que tu sois rejoins ton frère.

Paroles : Didier Rimaud – Musique : Jacques Berthier • Studio SM
A 548

**Ai-je déjà répondu
à un appel ?
Si oui, lequel ?
Comment ?**

L'APPEL DE PIERRE

Observe les pictogrammes et suis le récit de l'appel de Pierre.

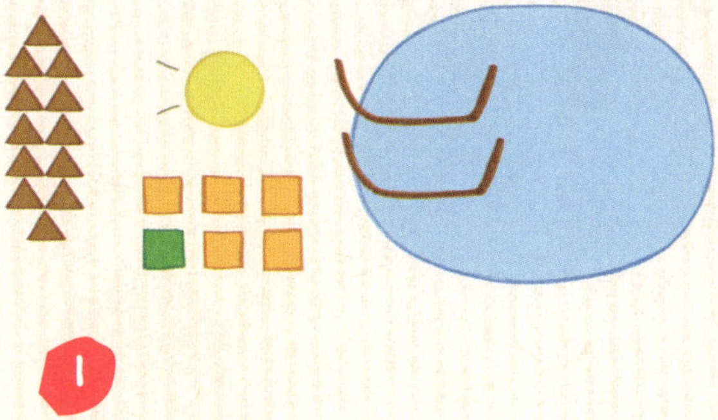

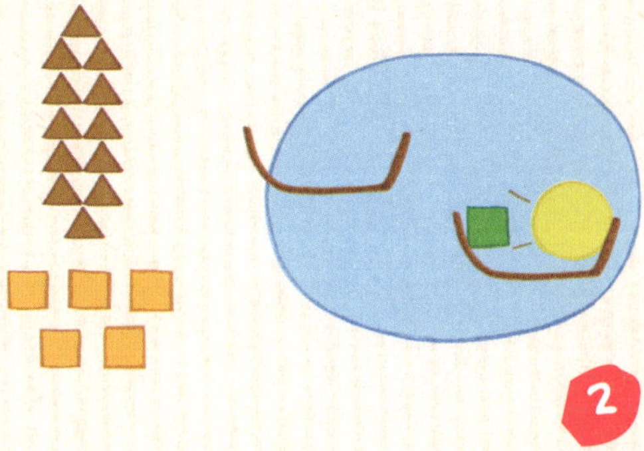

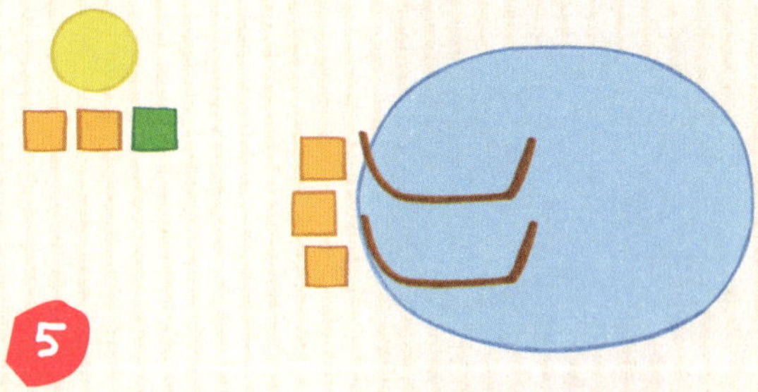

Luc 5, 1-11
Parle Seigneur, ta Parole est un Trésor, **pp.** 333-334

Les Vocations

Abraham

« Quitte ton pays, ta parenté et la maison de ton père, et va vers le pays que je te montrerai. »
Gn 12, 1

APPEL

Abraham

Abraham s'en alla, comme le Seigneur le lui avait dit, et Loth s'en alla avec lui… Ils se mirent en route pour Canaan…
Gn 12, 4-5

RÉPONSE

Abraham

« Je ferai de toi une grande nation, [...] je rendrai grand ton nom, et tu deviendras une bénédiction. »
Gn 12, 2

MISSION

Abraham

« Mon Seigneur Dieu, que pourrais-tu donc me donner ? Je m'en vais sans enfant… »
Gn 15, 2

DIFFICULTÉS

Abraham

Abraham fait confiance à Dieu. Il aura un fils, Isaac. Il sera le père d'une multitude.

FRUITS

Moïse

« Moïse ! Moïse ! »
Ex 3, 4

APPEL

Moïse

« Me voici ! »
Ex 3, 4

RÉPONSE

Moïse

« J'ai vu la misère de mon peuple. [...] Va ! Je t'envoie chez Pharaon : tu feras sortir d'Égypte [...] les fils d'Israël. »
Ex 3, 7 et 10

MISSION

Moïse

« Qui suis-je pour aller trouver Pharaon, et pour faire sortir d'Égypte les fils d'Israël ? »
Ex 3, 11

DIFFICULTÉS

Moïse

Moïse fera sortir les Hébreux d'Égypte et les conduira jusqu'à l'entrée de la Terre promise, mais lui n'y entrera pas.

FRUITS

Jonas

« Lève-toi, va à Ninive, la grande ville païenne… »
Jon 1, 2

APPEL

Jonas

Jonas se leva, mais pour s'enfuir à Tarsis, loin de la face du Seigneur. Il embarqua sur un navire.
Jon 1, 3

RÉPONSE

Jonas

« Proclame à la grande ville païenne que sa méchanceté est montée jusqu'à moi. »
Jon 1, 2

MISSION

Jonas

Un vent violent et une grande tempête menacent le navire de se briser… Les matelots jettent Jonas à la mer.
Jon 1, 4 et 15

DIFFICULTÉS

Jonas

Les gens de Ninive crurent en Dieu, se convertirent et Dieu renonça au châtiment.
Jon 3, 4-5 et 10

FRUITS

Jérémie

« Je te connaissais ; avant que tu viennes au jour, je t'ai consacré ; je fais de toi un prophète pour les nations. »
Jr 1, 5

APPEL

Jérémie

« Ah Seigneur mon Dieu ! Vois donc : je ne sais pas parler, je suis un enfant ! »
Jr 1, 6

RÉPONSE

Jérémie

« Ne dis pas : "Je suis un enfant !" […] tout ce que j'ordonnerai, tu le diras […] car je suis avec toi pour te délivrer. »
Jr 1, 7-8

MISSION

Jérémie

« À longueur de journée, je suis exposé à la raillerie. Tout le monde se moque de moi. »
Jr 20, 7b

DIFFICULTÉS

Jérémie

À la fin de sa vie, Jérémie sera un prophète d'espérance. Il annoncera que Dieu fera une nouvelle alliance.

FRUITS

Samuel

« Samuel ! Samuel ! »
1 S 3, 10

APPEL

Samuel

« Parle, ton serviteur écoute. »
1 S 3, 10

RÉPONSE

Samuel

Samuel recevra la mission de donner l'onction à Saül comme premier roi, puis à David.

MISSION

Samuel

Samuel alla auprès d'Éli et il dit : « Tu m'as appelé, me voici. » Éli répondit : « Je n'ai pas appelé mon fils. Retourne te coucher. »
1 S 3, 5

DIFFICULTÉS

Samuel

Toutes les tribus d'Israël reconnaissent en lui un juge inspiré par le Seigneur.

FRUITS

Marie

« Je te salue, Comblée-de-grâce, le Seigneur est avec toi. »
Lc 1, 28

APPEL

Marie

« Voici la servante du Seigneur ; que tout m'advienne selon ta parole. »
Lc 1, 38

RÉPONSE

Marie

« Sois sans crainte Marie […] Voici que tu vas concevoir et enfanter un fils […] »
Lc 1, 30

MISSION

Marie

« Comment cela va-t-il se faire, puisque je ne connais pas d'homme ? »
Lc 1, 34

DIFFICULTÉS

Marie

Grâce à son « Oui », Marie a donné naissance à Jésus, le Fils de Dieu fait homme.

FRUITS

Paul

« Saül, Saül pourquoi me persécuter ? »
Ac 9, 4

APPEL

Paul

« Qui es-tu, Seigneur ? »
Ac 9, 5

RÉPONSE

Paul

« Cet homme est l'instrument que j'ai choisi pour faire parvenir mon Nom auprès des nations […] »
Ac 9, 15

MISSION

Paul

Paul a été chassé de plusieurs cités et persécuté parce qu'il annonçait Jésus Christ.

DIFFICULTÉS

Paul

De nombreuses communautés chrétiennes ont été créées et renforcées grâce à lui.

FRUITS

« Tu es Pierre, et sur cette pierre

1

L'appel de Pierre

Lc 5, 1-11

2

La marche sur la mer

Mt 14, 23-33

5

« M'aimes-tu ? »

Jn 21, 15-19

6

La Pentecôte

Ac 2, 1-11

je bâtirai mon Église. » Mt 16, 18

3

La profession de foi

Mt 16, 13-19a

4

Le reniement

Mt 26, 69-75

7

Le Kérygme

Ac 2, 22-24.32-33

8

Les premières conversions

Ac 2, 37-39.41

LES CHRÉTIENS PROFESSENT LEUR FOI

Baptême d'un jeune en France.

Rassemblement de fidèles sur la place Saint-Pierre à Rome, en Italie.

Journées mondiales de la jeunesse à Sydney, en Australie.

Veillée pascale à Jucuaran, au Salvador.

Pélerinage à Saint-Jacques de Compostelle, en Espagne.

Profession de foi à Madagascar.

« Croyez-vous en Dieu le Père tout-puissant,
créateur du ciel et de la terre ?
– Je crois. »

« Croyez-vous en Jésus Christ, son Fils unique,
notre Seigneur, qui est né de la Vierge Marie,
a souffert la passion, a été enseveli,
est ressuscité d'entre les morts,
et qui est assis à la droite du Père ?
– Je crois. »

« Croyez-vous en l'Esprit Saint, à la sainte Église catholique,
à la communion des saints, au pardon des péchés,
à la résurrection de la chair, et à la vie éternelle ?

– Je crois. »

COMMENT PEUT-ON SUIVRE JÉSUS DANS LA VIE DE TOUS LES JOURS ?

Actes 2, 1-14 ; 22-24 ; 32-33
Parle Seigneur, ta Parole est un Trésor, p. 269

LA PENTECÔTE

Or, il y avait, résidant à Jérusalem, des Juifs religieux, venant de toutes les nations sous le ciel. Lorsque ceux-ci entendirent la voix qui retentissait, ils se rassemblèrent en foule.
Hommes d'Israël, écoutez les paroles que voici. Il s'agit de Jésus le Nazaréen, homme que Dieu a accrédité auprès de vous en accomplissant par lui des miracles, des prodiges et des signes au milieu de vous, comme vous le savez vous-mêmes. Cet homme, livré selon le dessein bien arrêté et la prescience de Dieu, vous l'avez supprimé en le clouant sur le bois par la main des impies. Mais Dieu l'a ressuscité en le délivrant des douleurs de la mort, car il n'était pas possible qu'elle le retienne en son pouvoir.
Ces gens qui parlent ne sont-il pas tous galiléens ?
Comment se fait-il que chacun de nous les entendent dans sa langue maternelle ?
Parthes, Mèdes et Élamites, habitants de la Mésopotamie, de la Judée et de la Cappadoce, de la province du Pont et de celle d'Asie, de l'Égypte et des contrées de Libye proches de Cyrène, Romains de passage, Juifs de naissance et convertis, Crétois et Arabes, tous nous les entendons proclamer dans nos langues des merveilles de Dieu.

Ce Jésus, Dieu l'a ressuscité ; Nous tous, nous en sommes témoins.
Élevé par la droite de Dieu, il a reçu du Père l'Esprit Saint qui était promis, et il l'a répandu sur nous, ainsi que vous le voyez et l'entendez.
Les auditeurs furent touchés au cœur.
Frères, que devons-nous faire ?
Convertissez-vous, et que chacun de vous soit baptisé au nom de Jésus Christ pour le pardon de ses péchés ; vous recevrez alors le don du Saint-Esprit.
Car la promesse est pour vous, pour vos enfants et pour tous ceux qui sont loin, aussi nombreux que le Seigneur notre Dieu les appellera.
Alors, ceux qui avaient accueilli la parole de Dieu furent baptisés. Ce jour-là, environ trois mille personnes se joignirent à eux.

LES SACREMENTS DE L'INITIATION CHRÉTIENNE

© Sœur Mercédes (bénédictine de Dourgnes), Abbaye Notre-Dame des Neiges, Saint-Laurent-les-Bains

Ensemble, avec les dons de ton Esprit

Quelle confiance tu as en nous, Seigneur !
Chacun, individuellement,
ne peut pas te représenter auprès des autres,
mais ensemble, avec les dons de ton Esprit,
nous pouvons être ton sourire,
ta parole de douceur
et d'exigence,
ton regard attentif à reconnaître
tous ceux qu'on met en marge...
Merci, Seigneur, de compter sur nous !

COMME UN CADEAU

*« Je crois en l'Église,
une sainte, catholique, et apostolique. »*

Répondre à un appel
peut transformer ma vie,
et me rendre heureux.

J'AI PU DÉCOUVRIR QUE…

Je ne suis pas seul
pour suivre Jésus,
c'est ensemble
avec tous les baptisés
que je peux dire ma foi

Jésus me fait toujours confiance
même quand je fais comme
si je ne le connaissais pas.

Tout au long de ma vie
Jésus est présent par son Esprit
pour me soutenir et m'aider
à vivre en témoin de lui.

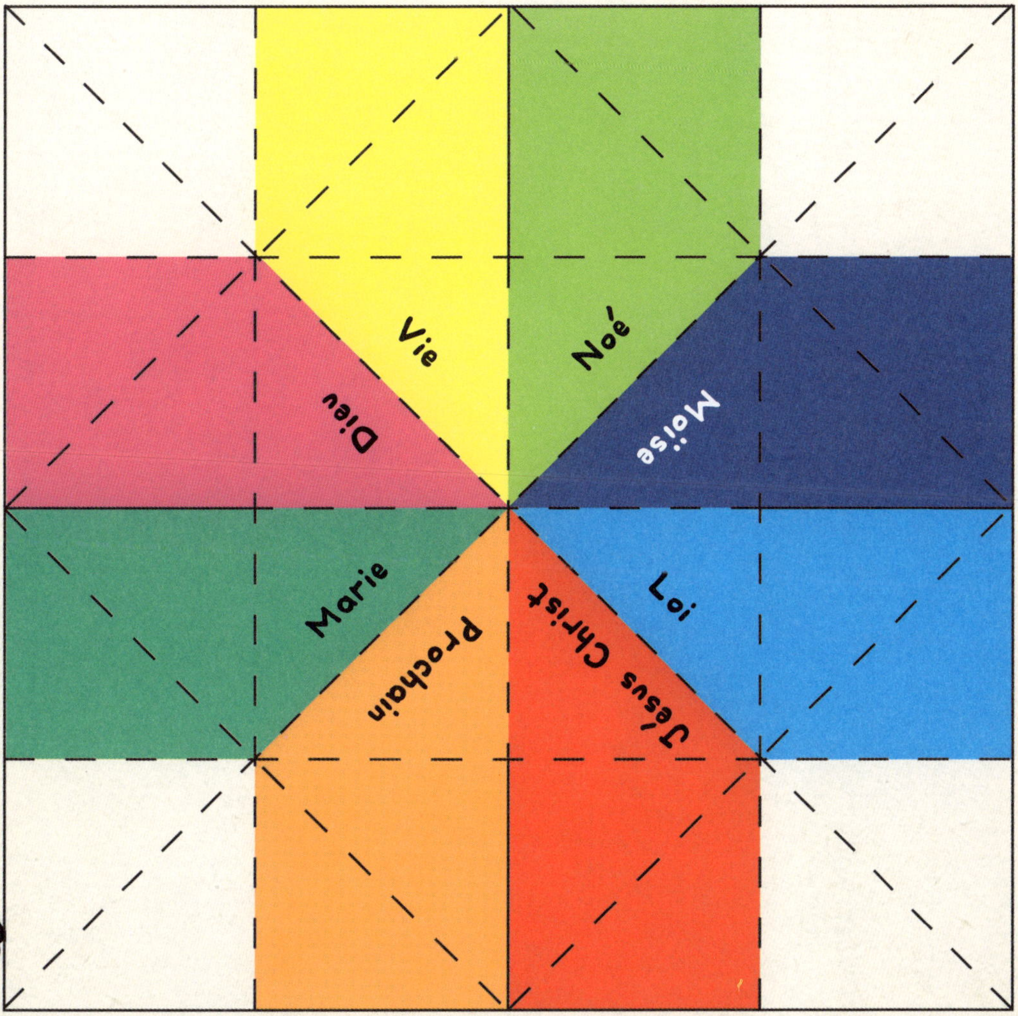

Découpe sur les traits continus
et plie sur les pointillés comme indiqué au dos.

1

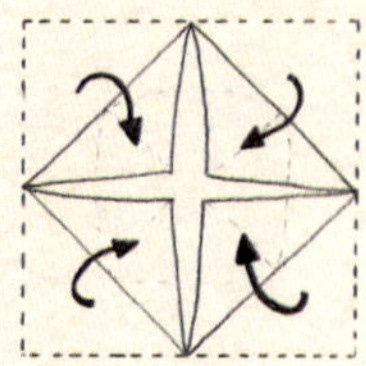

2

3

DIEU SE DONNE

Le centurion

La fille de Jaïre

Bartimée

Les lépreux

La Samaritaine

Les enfants

La multiplication des pains

PAGE À DÉCOUPER

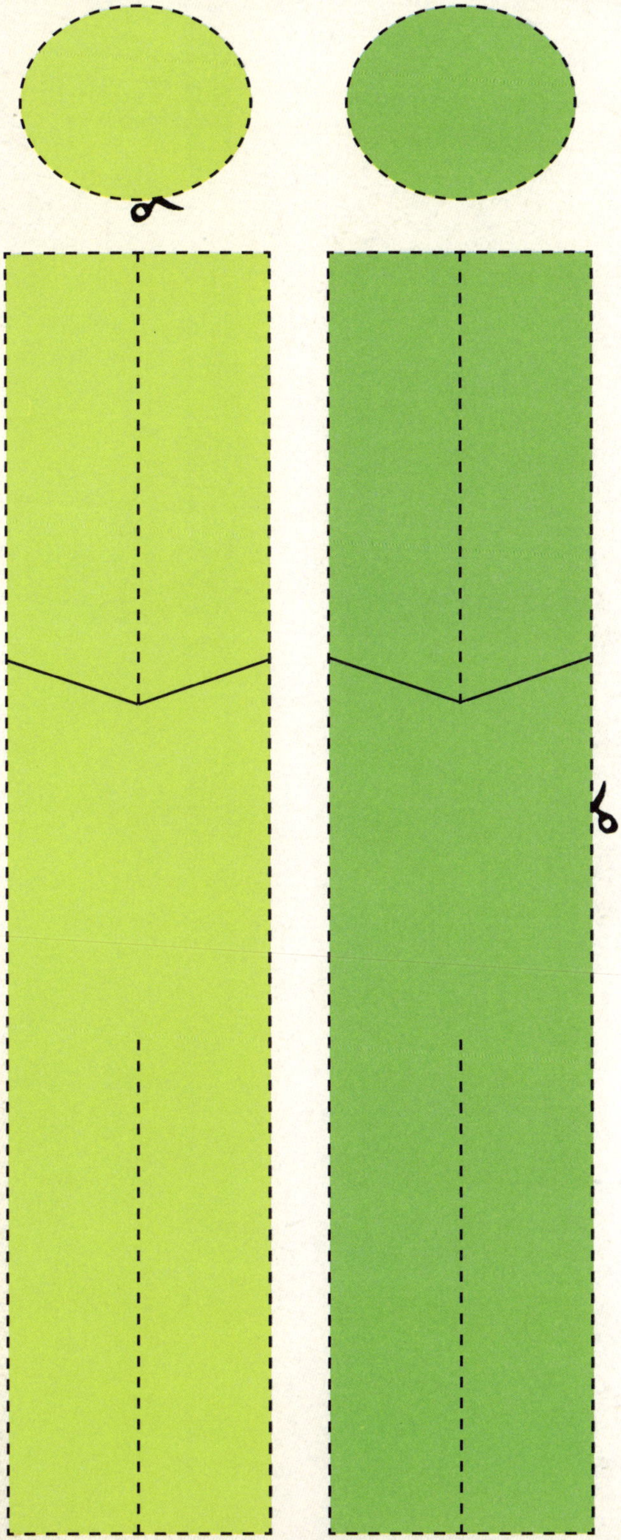

1. Découpe le rectangle.

2. Coupe selon les pointillés : la partie la plus courte représente les bras ; la partie la plus longue représente les jambes.

3. Découpe l'ovale qui représente la tête.

4. Plie les deux bras en suivant les traits.

5. Tu peux donner plusieurs attitudes en pliant différemment les jambes, les bras et le tronc.

CALENDRIER LITURGIQUE

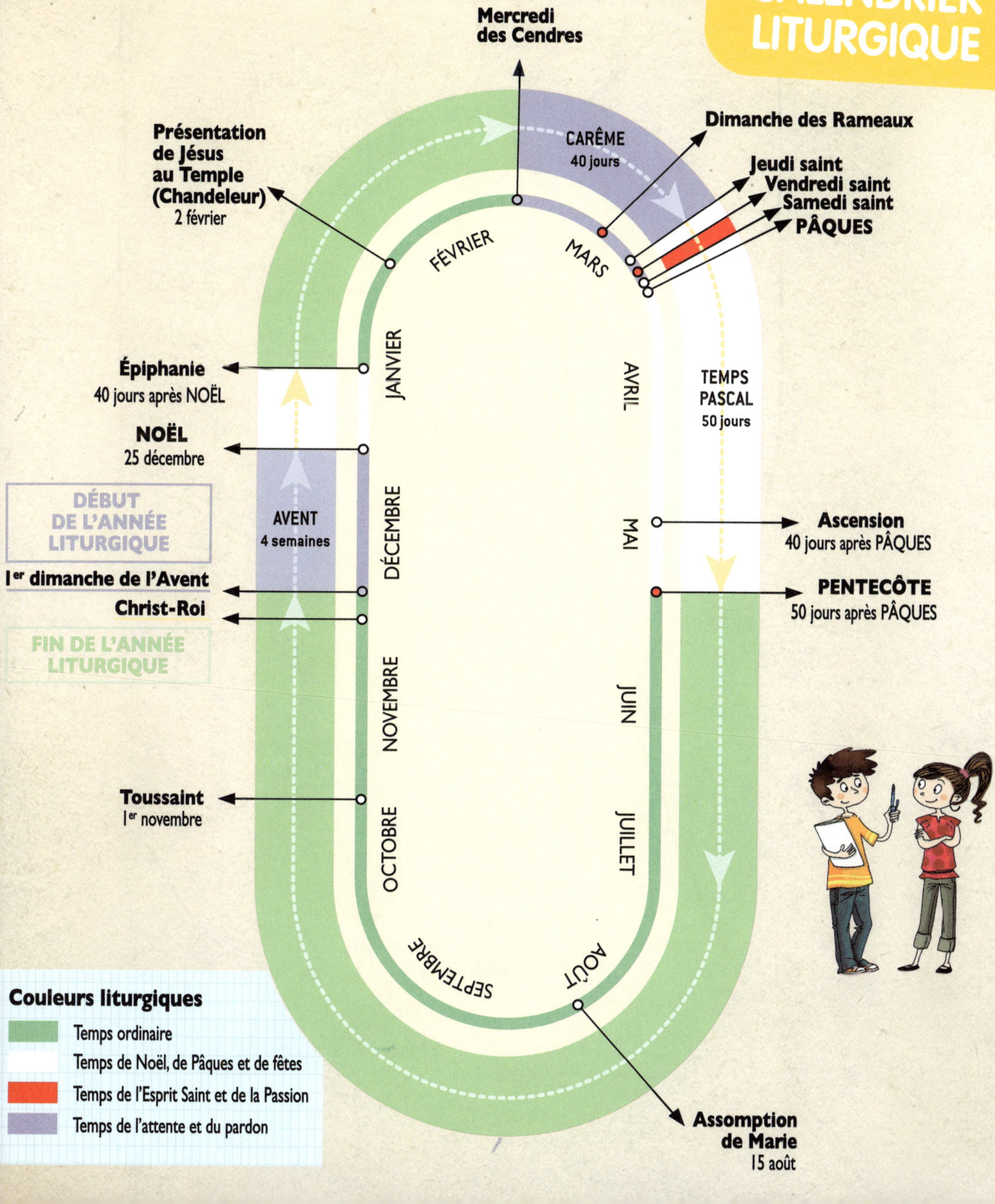

LE PAYS DE JÉSUS

À la rencontre du Seigneur

Carnet de vie !

Prénom : .... Nom : ....

Année scolaire : .... - ....

MAME · TARDY

Dieu fait alliance avec son peuple et se fait connaître peu à peu.

« Dieu créa l'homme à son image, à l'image de Dieu il le créa, il les créa homme et femme. »
Genèse 1, 27

Dès l'origine, Dieu veut faire alliance avec les hommes.

« Je rendrai ta descendance aussi nombreuse que les étoiles du ciel. »
Genèse 22, 17

Abraham

Abraham croit au Dieu unique et met toute sa confiance en lui. Il a foi en la promesse que Dieu lui a faite d'une terre et d'une descendance.

Dieu est le Seul, l'Unique.

« J'ai vu la misère de mon peuple [...] Maintenant donc, va ! [...] tu feras sortir d'Égypte mon peuple, les fils d'Israël. »
Exode 3, 7 et 10

Moïse

Enfant du peuple hébreu, Moïse est sauvé des eaux. Dieu le choisit pour libérer son peuple de l'esclavage et lui donne les Dix commandements pour vivre son Alliance.

Dieu est le Vivant, le Libérateur.

DIEU FAIT ALLIANCE AVEC SON PEUPLE ET SE FAIT CONNAÎTRE PEU À PEU.

« Dieu ne regarde pas [...] l'apparence, mais le Seigneur regarde le cœur. »
1 Samuel 16, 7

David

Vers 1000 ans avant Jésus Christ

Ce petit berger est choisi par Dieu pour être le roi. Dieu promet que dans sa descendance naîtra un roi.

Dieu est bon.

« Il n'y aura plus de mal ni de corruption [...] »
Isaïe 11, 9

Isaïe

Vers 720 ans avant Jésus Christ

Conseiller du roi, le prophète Isaïe est ébloui par la sainteté de Dieu. Il annonce la venue du Sauveur : le Messie.

Dieu est Saint. Il enverra un Sauveur.

« Je pardonnerai leurs fautes, je ne me rappellerai plus leurs péchés. »
Jérémie 31, 34

Jérémie

Vers 620 ans avant Jésus Christ

Le prophète Jérémie est très timide, mais il trouve le courage de parler au nom de Dieu. Il ose dire aux gens qu'ils se perdent dans le mensonge, l'injustice, le mal.

Dieu est celui qui pardonne.

DIEU FAIT ALLIANCE AVEC SON PEUPLE ET SE FAIT CONNAÎTRE PEU À PEU.

« J'ôterai de votre chair le cœur de pierre, je vous donnerai un cœur de chair. »
Ézékiel 36, 26

Ézékiel

Vers 597 ans avant Jésus Christ

Ézékiel est un prêtre déporté à Babylone avec une grande partie du peuple juif. Malgré la tristesse de l'Exil, il annonce l'amour fidèle de Dieu qui n'oublie pas son peuple : une alliance nouvelle est promise.

Dieu est le Sauveur.

« Voici ton roi qui vient à toi : il est juste et victorieux, pauvre et monté sur un âne [...] »
Zacharie 9, 9

Zacharie

Vers 520 ans avant Jésus Christ

Après le retour d'Exil le prophète Zacharie annonce que Dieu veut le salut pour tous les hommes. Mais il ne faut pas attendre un roi puissant : le Messie sera un roi très simple.

Dieu est le Dieu de la paix.

« Beaucoup de gens qui dormaient dans la poussière de la terre s'éveilleront [...] pour la vie éternelle. »
Daniel 12, 2

Daniel

Vers 170 ans avant Jésus Christ

Daniel a des visions étonnantes. Il proclame que de nombreux juifs tués dans les persécutions auront la vie éternelle.

Dieu est le Dieu de la vie éternelle.

EN JÉSUS CHRIST, DIEU SE FAIT HOMME ET ÉTABLIT UNE NOUVELLE ALLIANCE AVEC TOUTE L'HUMANITÉ.

« Préparez le chemin du Seigneur. »
Luc 3, 4

Jean-Baptiste

Au temps de Jésus

Jean-Baptiste est le fils d'Élisabeth, la cousine de Marie. Il invite à la conversion et désigne Jésus comme le Messie, venu vivre parmi nous.

Dieu est celui qui vient.

« Celui qui va naître sera saint, et il sera appelé Fils de Dieu. »
Luc 1, 35

Marie

Au temps de Jésus

Marie est une jeune fille juive, au cœur pur. Dieu la choisit pour accomplir sa promesse de donner le Sauveur au monde. Marie dit oui à Dieu et devient la mère de Jésus le Fils de Dieu.

Dieu est magnifique, il réalise sa promesse.

« [...] tu lui donneras le nom de Jésus (c'est-à-dire : Le-Seigneur-sauve) [...] »
Matthieu 1, 21

Joseph

Au temps de Jésus

Joseph est un charpentier de la descendance de David. Il est l'époux de Marie. Comme un père, il a donné son nom à Jésus et a pris soin de lui dès sa naissance.

Dieu sauve.

EN JÉSUS CHRIST, DIEU SE FAIT HOMME ET ÉTABLIT UNE NOUVELLE ALLIANCE AVEC TOUTE L'HUMANITÉ.

« Comme je vous ai aimés, vous aussi aimez-vous les uns les autres. »

Jean 13, 34

Jésus Christ

La vie, la mort et la résurrection de Jésus sont au cœur de l'histoire de Dieu avec les hommes. Nous comptons le temps à partir de la naissance de Jésus Christ pour nous situer dans l'histoire.

Jésus est Dieu fait homme. Il est le Fils de Dieu, le Christ, le Messie, le Sauveur, celui que les prophètes ont annoncé. Il manifeste que Dieu est Amour, Vie, Tendresse, Pardon, Paix, Joie.

Dieu est Père, Fils et Esprit Saint.

Animée par l'Esprit Saint, l'Église annonce la Bonne Nouvelle de Jésus Christ à tous les hommes.

« Et moi, je suis avec vous tous les jours jusqu'à la fin du monde. » *Matthieu 28, 20*

Les apôtres

Pierre, Jean, André, Barthélemy, Thomas, Juda, Jacques, Philippe, Matthieu, Thadée, Simon, Jacques.

Au temps de Jésus et vers 60 ans après Jésus Christ

Parmi les apôtres, Jésus a choisi 12 hommes pour l'entourer. Ils sont les témoins de sa vie, sa mort et de sa résurrection. Ils sont envoyés par Jésus Christ pour l'annoncer à tous les hommes et donner le baptême au nom du Père, du Fils et du Saint-Esprit.

« Ce Jésus, Dieu l'a ressuscité ; nous tous, nous en sommes témoins. »
Actes des Apôtres 2,32

Paul

Vers 40-60 ans après Jésus Christ

Après sa rencontre avec Jésus ressuscité, Paul voyage et affronte tous les dangers pour faire connaître le Christ : il annonce que le Christ est vivant et que son Esprit habite en nous pour nous donner l'amour de Dieu.

« Je vis, mais ce n'est plus moi, c'est le Christ qui vit en moi. »
Galates 2,20

Les évangélistes

Matthieu, Luc, Marc et Jean

Vers 60-90 ans après Jésus Christ

Les évangélistes ont écrit les quatre Évangiles, les premiers livres du Nouveau Testament. Ils témoignent que c'est toute la vie de Jésus, sa mort et sa résurrection qui montrent l'amour de Dieu qui sauve.

« Il y a encore beaucoup d'autres signes que Jésus a faits [...] mais ceux-là ont été écrits pour que vous croyiez que Jésus est le Christ, le Fils de Dieu [...] » *Jean 20,30-31*

Animée par l'Esprit Saint, l'Église annonce la Bonne Nouvelle de Jésus Christ à tous les hommes.

« Et moi, je suis avec vous tous les jours jusqu'à la fin du monde. » *Matthieu 28, 20*

Les chrétiens de tous les temps et de tous les pays

Les premiers chrétiens

Il y a nous

Pendant près de **2000** ans. Des premiers siècles jusqu'à nos jours.

Nombre d'entre eux ont donné leur vie pour rester fidèles à l'amour du Christ. On les appelle les martyrs. Aujourd'hui encore, des chrétiens témoignent de leur foi jusqu'à la mort.

Chacun, à sa manière, a essayé de vivre et de partager un peu l'Amour du Seigneur pour tous les hommes dans le monde. Certains d'entre eux sont appelés saints. Le calendrier n'a pas assez de jours pour les nommer tous.

Jésus nous appelle, nous aussi, à être les témoins de son amour, pour ceux qui vivent maintenant et pour ceux qui viendront après nous.

Je crois en un seul Dieu, le Père Tout-Puissant, et en Jésus Christ son Fils Unique, je crois en l'Esprit Saint.

Les grandes prières de l'Église

Notre Père

Notre Père, qui es aux cieux,
que ton Nom soit sanctifié,
que ton règne vienne,
que ta volonté soit faite
sur la terre comme au ciel.
Donne-nous aujourd'hui
notre pain de ce jour.
Pardonne-nous nos offenses
comme nous pardonnons aussi
à ceux qui nous ont offensés.
Et ne nous laisse pas entrer en tentation,
mais délivre-nous du mal.
Car c'est à toi qu'appartiennent le règne,
la puissance et la gloire,
pour les siècles des siècles !

Amen.

Symbole des Apôtres

Je crois en Dieu, le Père tout-puissant,
créateur du ciel et de la terre.
Et en Jésus Christ, son Fils unique, notre Seigneur,
qui a été conçu du Saint-Esprit,
est né de la Vierge Marie,
a souffert sous Ponce Pilate,
a été crucifié, est mort et a été enseveli,
est descendu aux enfers,
le troisième jour, est ressuscité des morts,
est monté aux cieux,
est assis à la droite de Dieu le Père tout puissant,
d'où il viendra juger les vivants et les morts.
Je crois en l'Esprit Saint,
à la sainte Église catholique,
à la communion des saints,
à la rémission des péchés,
à la résurrection de la chair,
à la vie éternelle.

Amen.

Symbole de Nicée-Constantinople

Je crois en un seul Dieu,
le Père tout-puissant,
créateur du ciel et de la terre,
de l'univers visible et invisible.
Je crois en un seul Seigneur, Jésus Christ,
le Fils unique de Dieu,
né du Père avant tous les siècles :
Il est Dieu, né de Dieu, lumière,
né de la lumière, vrai Dieu, né du vrai Dieu,
Engendré non pas créé,
de même nature que le Père ;
et par lui tout a été fait.
Pour nous les hommes, et pour notre salut,
il descendit du ciel.
Par l'Esprit Saint, il a pris chair de la Vierge Marie,
et s'est fait homme.
Crucifié pour nous sous Ponce Pilate,
il souffrit sa Passion et fut mis au tombeau.
Il ressuscita le troisième jour,
conformément aux Écritures,
et il monta au ciel ;
il est assis à la droite du Père.
Il reviendra dans la gloire,
pour juger les vivants et les morts ;
et son règne n'aura pas de fin.
Je crois en l'Esprit Saint,
qui est Seigneur et qui donne la vie ;
il procède du Père et du Fils.
Avec le Père et le Fils,
il reçoit même adoration et même gloire ;
il a parlé par les prophètes.
Je crois en l'Église, une, sainte,
catholique et apostolique.
Je reconnais un seul baptême
pour le pardon des péchés.
J'attends la résurrection des morts,
et la vie du monde à venir.

Amen.

Veni sancte Spiritus

Viens, Esprit Saint, en nos cœurs,
et envoie du haut du ciel
un rayon de ta lumière.

Viens en nous, père des pauvres.
Viens, dispensateur des dons.
Viens, lumière en nos cœurs.

Consolateur souverain,
hôte très doux de nos âmes,
adoucissante fraîcheur.

Dans le labeur, le repos ;
dans la fièvre, la fraîcheur ;
dans les pleurs, le réconfort.

O lumière bienheureuse,
viens remplir jusqu'à l'intime
le cœur de tous tes fidèles.

Sans ta puissance divine,
il n'est rien en aucun homme,
rien qui ne soit perverti.

Lave ce qui est souillé,
baigne ce qui est aride,
guéris ce qui est blessé.

Assouplis ce qui est raide,
réchauffe ce qui est froid,
rends droit ce qui est faussé.

À tous ceux qui ont la foi
et qui en toi se confient,
donne tes sept dons sacrés.

Donne mérite et vertu
donne le salut final
donne la joie éternelle.

Amen.

Magnificat

Mon âme exalte le Seigneur,
exulte mon esprit en Dieu, mon Sauveur !
Il s'est penché sur son humble servante ;
désormais, tous les âges me diront bienheureuse.
Le Puissant fit pour moi des merveilles ;
Saint est son nom !
Sa miséricorde s'étend d'âge en âge
sur ceux qui le craignent.
Déployant la force de son bras,
il disperse les superbes.
Il renverse les puissants de leurs trônes,
il élève les humbles.
Il comble de biens les affamés,
renvoie les riches les mains vides.
Il relève Israël son serviteur,
il se souvient de son amour,
de la promesse faite à nos pères,
en faveur d'Abraham et sa descendance à jamais.

Je vous salue Marie

Je vous salue Marie, pleine de grâce.
Le Seigneur est avec vous.
Vous êtes bénie entre toutes les femmes,
et Jésus le fruit de vos entrailles est béni.

Sainte Marie, Mère de Dieu,
priez pour nous pauvres pécheurs,
maintenant et à l'heure de notre mort.

Amen.

Angélus

L'ange du Seigneur apporta l'annonce à Marie.
— Et elle conçut du Saint-Esprit.
Je vous salue, Marie...

« Voici la servante du Seigneur.
— Qu'il me soit fait selon votre parole. »
Je vous salue, Marie

Et le Verbe s'est fait chair.
— Et il a habité parmi nous.
Je vous salue, Marie...

Priez pour nous, sainte Mère de Dieu.
— Afin que nous soyons rendus dignes des promesses du Christ.

Prions le Seigneur.
Que ta grâce, Seigneur notre Père, se répande en nos cœurs :
par le message de l'ange, tu nous as fait connaître l'incarnation
de ton Fils bien-aimé, conduis-nous par sa passion et par sa croix,
jusqu'à la gloire de la résurrection.
Par Jésus, le Christ, notre Seigneur.

Amen.

Textes liturgiques : © AELF, Paris, 2020.
Illustrations : Dorothée Jost.

www.mameeditions.com
www.alarencontreduseigneur.fr

« Loi n° 49-956 du 16 juillet 1949 sur les publications destinées à la jeunesse, modifiée par la loi n° 2011-525 du 17 mai 2011. »

Achevé d'imprimer par Edelvives (Espagne) en août 2020
Dépôt légal : septembre 2020

PEFC PEFC/14-38-00260

Ne peut être vendu séparément.